BEI GRIN MACHT SICH IHR
WISSEN BEZAHLT

AF136909

- Wir veröffentlichen Ihre Hausarbeit,
  Bachelor- und Masterarbeit

- Ihr eigenes eBook und Buch -
  weltweit in allen wichtigen Shops

- Verdienen Sie an jedem Verkauf

Jetzt bei www.GRIN.com hochladen
und kostenlos publizieren

Gesundheitsförderung und -beratung. Adhärenz, systemische Beratung, Kommunikationsmodelle

Bibliografische Information der Deutschen Nationalbibliothek:

Die Deutsche Nationalbibliothek verzeichnet diese Publikation in der Deutschen Nationalbibliografie; detaillierte bibliografische Daten sind im Internet über http://dnb.d-nb.de abrufbar.

ISBN: 9783346381552
Dieses Buch ist auch als E-Book erhältlich.

Druck und Bindung: Books on Demand GmbH, Norderstedt Germany
Gedruckt auf säurefreiem Papier aus verantwortungsvollen Quellen

Das vorliegende Werk wurde sorgfältig erarbeitet. Dennoch übernehmen Autoren und Verlag für die Richtigkeit von Angaben, Hinweisen, Links und Ratschlägen sowie eventuelle Druckfehler keine Haftung.

Das Buch bei GRIN: https://www.grin.com/document/1003492

Klinische Psychologie II – Gesundheitsförderung und -beratung

Inhaltsverzeichnis

Tabellenverzeichnis

Abbildungsverzeichnis

1. Aufgabe A1

1.1. Die Beratung

Die Beratung im psychosozialen Kontext betrifft Menschen, welche mit Fragestellungen einen Berater aufsuchen und diese, die Rat- und Hilfesuchenden hinsichtlich konkreter Situationen beraten, sowie an einer Konfliktlösung mitwirken. Das Ziel der Beratung ist dabei nicht ein konkretes Resultat bzw. eine konkrete Maßnahme sondern, das vermitteln von Verstehens-, Orientierung- und Entscheidungshilfen (Schubert, Rohr & Zwicker-Pelzer, 2019, S. 15). Die Deutsche Gesellschaft für Beratung erläutert, dass sich eine Beratung mit Daseinsbewältigungsfragen befasst, (therapie-) schulenübergreifend ist, einem interdisziplinären Wissenschaftsverständnis zugrunde liegt und einzeltherapeutische, beraterische-, sozialfürsorgerische- sowie sozialpädagogische Aktivitäten miteinschließt (Schubert et al., 2019, S. 17). Der Prozess der Beratung setzt sich zusammen aus einer strukturierten Abfolge und einer kreativen Prozessgestaltung, diese gilt es auf eine ausgewogene Weise zu verbinden. Die Komponenten einer Beratung setzten sich zusammen aus den Klienten, den Beratern, dem Beratungsgegenstand, der Beziehung und dem Kontext (Abb. 1; Schubert et al., 2019, S. 144).

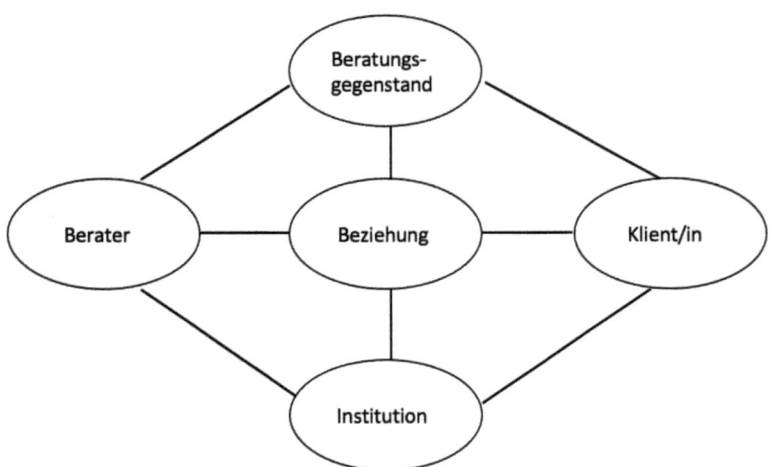

Abbildung 1 Zentrale Komponenten von Beratung
Quelle: Eigene Darstellung in Anlehnung an Schubert et al., 2019, S. 144.

Professionelle Beratungsprozesse zeichnen sich durch eine Anzahl an Phasen aus, dies betrifft sowohl die Beratung im Allgemeinen, sowie die einzelnen Beratungssitzungen, welche in einer spezifischen Abfolge von Vorgehensweisen gegliedert ist. Phasenmodelle bieten dabei keine eindeutig definierte Gliederung und festgelegte lineare Abfolge von Phasen, sondern geben dabei lediglich eine Orientierung zum Verständnis und zur professionellen Durchführung einer Beratung. Die Phasen können je nach Komplexität der jeweiligen Problemlage, in ihrer Abfolge sowie Dauer variieren (Noyon & Heidenreich, 2020, S. 154–156).

Nach Culley (2002) gliedert sich der Beratungsprozess in die Anfangs-, Mittel- und Endphase, welche aufeinander aufbauen sowie ineinander verwoben sind. Die Anfangsphase baut dabei auf hermeneutisch-kommunikativen Kompetenzen auf, die Mittelphase fokussiert sich auf die Erfassung, Wahrnehmung und Bewertung der Kognitionen und Gefühle sowie dem Vermitteln von neuen Perspektiven hinsichtlich individueller Lebenslagen. Im Rahmen der Endphase werden insbesondere Maßnahmen zur Veränderung bzw. Verbesserung der Problemlage (Schubert et al., 2019, S. 156).

Phasen	Ziele	Strategien
Anfangs- phase	- Aufbau einer tragfähigen Beratungsbeziehung - Klärung und Eingrenzung der Probleme - Treffen erster Entscheidungen - Formulierung eines Arbeitsvertrags	- Explorieren - Prioritäten - Vermitteln
Mittelphase	- Neubewertung von Problemen - Aufrechterhalten der Arbeitsbeziehung - Auf den Arbeitskontrakt hinarbeiten	- Mitteilen von Grundwerten - Herausfordern - Konfrontation - Feedback - Selbstmitteilungen - Unmittelbarkeit
Endphase	- Angemessenen Wandel vorbereiten - Veränderungen ausführen - Lernen und Einsichten in der Lebenswelt übertragen - Beratungsbeziehung beenden	- Ziele entwickeln und Ziele setzen - Handlungsvorbereitung und -planung - Evaluieren und Veränderungen aufrechterhalten - Beenden

Tabelle 1 Phasenmodell nach Culley (2002)
Quelle: Eigene Darstellung in Anlehnung an Schubert et al., 2019, S. 156–160.

Im Rahmen des Prozesses kommen dabei eine Vielzahl an komplexen („schwierigen") Herausforderungen auf die Berater, sowie die Klienten zu. Insbesondere stellen unteranderem der Abbruch der Behandlung durch die Klienten, der Abschluss der Beratung, abweichende Wertvorstellungen und Ziele, abwertendes und überkritisches Verhalten, aggressives Verhalten und Gewalt, Antriebslosigkeit, Substanzeinfluss, Terminabsagen, strafbare Handlungen sowie Zweifel von Klienten an Behandlern.

1.2. Die Adhärenz und Compliance von Patienten

Ein Patient wird als eine Person definiert, welche „vom Arzt oder einem Angehörigen anderer Heilberufe behandelt" (Alsleben, Weiß & Rufer, 2003, S. 1001) wird, dabei wird der Patient in eine passive bzw. erduldende Behandlungsposition eingeordnet (Alsleben et al., 2003, S. 981). Insbesondere innerhalb der vergangen Jahre durchlebte die Definition des Begriffs einen Wandel, indem dieser sich hin zu einer gleichberechtigten Arzt-Patient-Partnerschaft im Ggs. zu einem einseitig weisungsbezogenen Patientenverhalten entwickelte (Eggert, 2006, S. 81). Die erhöhte Partizipation der Patienten in medizinischen Entscheidungsprozessen liegt den zunehmend besser informierten Bürgern hinsichtlich gesundheitlicher Fragestellungen zugrunde (Simon, 2005, S. 3).

Die Compliance bezeichnet die Bereitschaft des Patienten ärztliche Therapieanweisungen zu befolgen, um somit an dem Heilungsprozess beizutragen. Diese kann dabei durch Krankheitsmerkmale (bspw. Art der Diagnose, Schweregrad, Dauer und Symptome), die Therapieart, die Qualität (bspw. Dauer, Frequenz, Arzt-Patienten-Beziehung) sowie sozialpsychologischen Faktoren (bspw. Glaube an Nutzen o. Wirksamkeit, Vor- und Nachteile der Therapie) variieren. Die Compliance lässt sich durch einfache Therapieschemata, Nachkontrollen, eine Einbindung in Therapiegruppen sowie durch Kenntnisse der gesundheitsbezogenen Überzeugungen fördern (AOK-Bundesverband, 2020a, o. S.). Die Adhärenz wird definiert als das Einhalten der von dem Arzt und Patienten gemeinsam vereinbarten Therapiezielen und stellt das informierte Einverständnis des Patienten dabei in den Mittelpunkt. Dabei befürwortet der Begriff ein aktives, partnerschaftliches Verhältnis zwischen dem Arzt und den Patienten, als Experte für dessen individuelle Lebenssituation. Die Adhärenz besteht, wenn der Patient die jeweiligen therapeutischen Maßnahmen gemeinsam mit dem Arzt, sowie in Übereinstimmung mit den individuellen Überzeugungen beschließt, versteht, akzeptiert und befolgt (AOK-Bundesverband, 2020, o.S). Die Compliance kann in Abgrenzung zu dem Begriff Adhärenz, als autoritäre-hierarchische Behandler-Patient-Interaktion verstanden werden, wohingegen die Adhärenz die Einhaltung der gemeinsam von Patient und Behandler gesetzten Therapieziele bezeichnet (Schäfer, 2020, S. 15). Begrifflichkeiten bzgl. des Themas Therapietreue, bewegen sich dabei weg von der Bezeichnung „Compliance" hin zu dem Begriff „Adhärenz", da dieser eine noch stärkere beidseitige Verantwortung von Patient und Arzt für den Therapieerfolg hervorhebt (Schäfer, 2020, S. 16). Die Non-Adhärenz und Non-Compliance bezeichnet dabei gegenteilig die unzureichende Bereitschaft an der Therapie mitzuwirken (petermann & Mühling, 1998, S. 77). Diese kann sowohl patientenseitig als auch seitens des Arztes bzw. Beraters bestehen und kann bewusster sowie unbewusster Natur sein (Heuer HO & Heuer S H, 1999, S. 6).

Die Adhärenz stellt eine intentionale Form der Kooperation dar, indem eine willentliche Entscheidung, den jeweiligen Therapieplan zu befolgen oder nicht, getroffen wird. Die Compliance hingegen wird eher mit Informations- und Kompetenzdefiziten assoziiert. Der Begriff „Therapietreue" wird dabei traditionell mit dem Begriff der Compliance assoziiert, dieser entspricht jedoch nicht dem zeitgemäßen Anspruch des Respektes vor der Patientenautonomie und -selbstbestimmung (Mühlig, 2020, o. S.). Die Patienten Compliance wird daher als die „Summe aller konstruktiven Beiträge des Pat. zum Gelingen einer Therapie [...]"(Mühlig, 2020, o. S.) bezeichnet

1.3. Schwierige Situationen

Im Falle eines vorzeitigen Abbruchs der Behandlung durch die Klienten, sollte die Ursache dessen identifiziert werden, um dem entgegenzuwirken. Dabei lassen sich ein Abbruch mit Kontakt sowie ohne Kontakt und der Abbruch in einer Krisensituation unterscheiden. Es gilt dabei die Gründe des Abbruchwunsches zu definieren und diese anzunehmen, sowie angemessene Versuche der Kontaktaufnahme durchzuführen. Die identifizierten Ursachen sollten anschließend bewertet werden, sowie eine angemessene individuelle Reaktion erhalten. Von besonderer Wichtigkeit ist dabei, eine angemessene selbstkritische Reflexion des eigenen Verhaltens im Verlauf der Behandlung (Noyon & Heidenreich, 2020, S. 17–20). Ebenfalls der Abschluss der Behandlung kann eine („schwierige") Herausforderung für die Klienten darstellen, je länger der jeweilige

Behandlungsprozess andauert, desto bedeutsamer und intensiver ist die Behandlungsbeziehung. Den Beratern kommt dabei die Aufgabe zu, das Behandlungsende frühzeitig zu thematisieren, regelmäßig zu bilanzieren, sowie das Zulassen etwaiger negativer Emotionen der Klienten. Die Berater sollten diesen Sachverhalt dabei nicht vermeiden oder verwässern (Noyon & Heidenreich, 2020, S. 21–25). Eine weitere Herausforderung stellen abweichende Wertvorstellungen des Beraters und der Klienten dar, indem u.a. jeweilige Weltanschauungen, Werte und Definitionen voneinander abweichen. Es lassen sich dabei nicht-zentrale sowie zentrale Abweichungsprobleme unterscheiden, erstere bezeichnen Situationen in welchen Behandler und Klienten eine unterschiedliche Anschauung tragen, diese sich jedoch nicht unmittelbar auf den Dienstauftrag auswirkt. Dabei sollten Berater das Abweichungsproblem intensiv vor dem Hintergrund der eigenen Werte und Normen abwägen. Ein zentrales Abweichungsproblem ist dann gegeben, wenn dieses zu einem unmittelbaren Konflikt mit dem Dienstauftrag führt, im Falle dessen, sollte die Behandlung abgelehnt werden. Jedoch ist in beiden Fällen eine deutliche Stellungnahme des Beraters, die Entlastung der Klienten sowie dem Bieten einer Möglichkeit zur Äußerung negativer Gefühle, bedeutsam. Die Klienten sollten dabei nicht ohne einen konkreten Lösungsvorschlag verabschiedet werden, und/oder prinzipiell abgelehnt werden (Noyon & Heidenreich, 2020, S. 28–32). Neben etwaigen abweichenden Wertvorstellungen können ebenfalls abwertende und/oder überkritische Verhaltensweisen, negative Auswirkungen auf den Beratungsverlauf haben, indem Klienten subtil spezifische Merkmale (die Beratung als Dienstleistung oder die Person des Beraters) abwerten. Berater sollten in diesem Fall eine innere Distanz herstellen und den abwertenden Äußerungen der Klienten in einem offenen und klärenden Stil entgegentreten. Weiterhin kann ein Training sozialer Kompetenzen initiiert werden und ggf. kann die Behandlung, im Betracht auf die Wahrung der individuellen Grenzen des Beraters abgebrochen werden (Noyon & Heidenreich, 2020, S. 33;37). Im Rahmen von Klienten, welche eine offene Form von Aggressivität vorweisen, insbesondere in Verbindung mit gewalttätigen Handlungen, treten insbesondere die Aspekte der Selbst- und Fremdgefährdung in den Vordergrund. Milde Formen der Aggression beziehen sich auf verbale Bereiche, in Form von Beschimpfungen und stärkeren verbalen Attacken, welchen die Berater abgrenzend und direktiv entgegentreten sollten. Eine mittelstark ausgeprägte Aggression äußert sich unteranderem ebenfalls durch starke verbale Äußerungen, in Kombination mit Drohungen von körperlicher Gewalt, welche jedoch noch der Selbstkontrolle unterliegen und keine unmittelbare Gefahr darstellen. Klienten welche eine starke Aggression vorweisen, tendieren zu einem Durchbruch aggressiver Impulse und tätlichen Handlungen. Die Berater sollten in diesen Fällen nonverbale Sicherheit vermitteln, indem eine klare und aufrechte Körperhaltung, sowie Blickkontakt und eine klare, jedoch freundliche Stimme erhalten bleibt. Weiterhin sollten diese stets die Selbst- und Fremdgefährdungsgefahr prüfen, sowie Sicherheitssysteme mit weiteren Beratern vereinbaren (Noyon & Heidenreich, 2020, S. 38–44). Eine seitens der Klienten vorliegende Antriebslosigkeit kann ebenfalls eine Herausforderung darstellen, indem diese sich selbst hinsichtlich des Auffindens geeigneter Maßnahmen, unter immer größer werdenden Druck setzen. Berater sollten im Falle einer vorliegenden Depression einen Arzt hinzuziehen und dadurch ggf. eine medikamentöse Begleitbehandlung herbeiführen. Weiterhin sollten Berater die Anforderungen an die Klienten reduzieren und diese etappenweise erhöhen, dabei sollten vorwurfsvolle Haltungen sowie die Abnahme sämtlicher Verantwortung der Klienten vermieden werden (Noyon & Heidenreich, 2020, S. 45–48). Weiterhin können unter Substanzeinfluss (z.B. Medikamente oder Alkohol) stehende Klienten eine komplexe Herausforderung darstellen, da eine eingeschränkte Aufnahme- und Arbeitsbereitschaft vorliegen kann (Noyon & Heidenreich, 2020, S. 69). Im Falle dessen, sollten die eigenen Beobachtungen von schwachen Auffälligkeiten, behutsam angesprochen werden und eindeutige Symptome sollten gezielt und direkt konfrontiert werden. Berater sollten den Sachverhalt dabei nicht ignorieren oder dramatisieren (Noyon & Heidenreich, 2020, S. 64). Häufig werden diese ebenfalls mit einer kurzfristigen Terminabsage oder dem nicht-erscheinen von Klienten konfrontiert. Für diesen Fall sollten eindeutige Vorgaben des individuellen Behandlungsangebot innerhalb des Behandlungsvertrags entwickelt werden, diese sollten weiterhin frühzeitig dem Klienten präsentiert und explizit besprochen werden. Die Höhe des Ausfallhonorars sollte dabei vorzeitig verhandelt werden. Berater sollten dabei selbstbewusst und freundlich für die eigenen Interessen eintreten, sich jedoch nicht auf eine Diskussion einlassen (Noyon & Heidenreich, 2020, S. 65–70).

Die Grundregeln der Beratung lassen sich aus den oben beschriebenen, komplexen Situationen, als Akzeptanz, Empathie und Kongruenz zusammenfassen. Die Akzeptanz bezeichnet dabei, den Klienten eine nicht-an-Bedingungen gebundene Akzeptanz entgegen zu bringen. Hinsichtlich kognitiver Bereiche gilt es den Klienten Interesse an der Problemsituation zu vermitteln. Hinsichtlich emotionaler Bereiche genügt es nicht, durchzuhören und verbalisieren, einen Gesprächsinhalt zu vermitteln. Es ist notwendig, dass Klienten die innere Beteiligung des Beraters an der individuellen Problemsituation erfahren, welches anhand der Stimme, Mimik, Gestik sowie Körperhaltung geschieht. Die

Akzeptanz sollte daneben von emotionaler Wärme, Verständnis und einem Vertrauens-gefühl gekennzeichnet sein (Bachmair, 2014, S. 30; Engel, 2020, S. 100). Das Vertrau-ensgefühl stellt dabei eine Einflussgröße auf das Adhärenzverhalten dar, die Relevanz des Merkmals im Hinblick auf das Therapieverhalten des Patienten wird durch den Kontakt zwischen Berater und Klienten deutlich, in welchem wichtige Entscheidungen für das Gelingen einer Behandlung getroffen werden (Schäfer, 2020, S. 31).

Weitere Einflussgrößen seitens des Beraters auf das Adhärenzverhalten setzen sich zu-sammen aus der Persönlichkeit, Empathie, Therapiemotivation, Haltung und Erwartung gegenüber den Klienten, sowie ausreichender Zeit während der Termine, die Empathie der Berater stellt eine weitere Grundregel der Beratung dar. Dabei gilt es sich als Berater zu bemühen, die Empfindungen der Klienten, auf dieselbe Weise wie diese wahrzuneh-men, zu verstehen und das Verstandene präzise mitzuteilen. Weiterhin ist es hinsichtlich des Empathievermögens von hoher Bedeutung, die individuellen Standpunkte als Berater zunächst aufzuzählen und den Standpunkt der Klienten einzunehmen (Engel, 2020, S. 101). Patientenfaktoren, welche sich auf das Adhärenzverhalten bzw. die Compliance auswirken, setzen sich zusammen aus dem Wissensstand, Ängsten, Erwartungen, Ver-trauen in den Arzt, Interesse für den eigenen Gesundheitszustand, Verständnisfähigkeit, Kommunikationsfähigkeit und Disziplin (Schäfer, 2020, S. 31). Da Gefühle häufig irra-tional sowie widersprüchlich sein können, können diesen durch Empathie in Form von Verbalisierungen der Sachaussagen durch die Berater entgegengewirkt werden, um somit die Adhärenz der Klienten zu steigern (Engel, 2020, S. 99). Die Kongruenz bezeichnet ein widerspruchfreies, aufrichtiges Kommunizieren und Selbstoffenbarung seitens des Beraters ggü. den Klienten (Behr, 2021, o. S.), „Mit der Art der Kommunikation ist das bestehende oder sich entwickelnde Vertrauensverhältnis zwischen Arzt und Patient eng verzahnt." (Schäfer, 2020, S. 32). Als Patientenfaktoren im Hinblick auf die Arzt-Patient-Interaktion werden u. a. die Verständnisfähigkeit und Kommunikationsfähigkeit genannt, daneben stellt eine mangelnde Kommunikation sowie Aufklärung seitens des Arztes eine Ursache für Non-Adhärenz dar. Eine aktive Kommunikation und Zusammenarbeit zwi-schen Arzt und Patient kann dabei zu einer höheren Therapietreue führen. Ebenfalls wurde ein positiver Zusammenhang zwischen der Therapietreue und der Art des Um-gangs bzw. des Vertrauens zwischen Behandler und Klienten festgestellt (Schäfer, 2020, S. 31–32). Hinsichtlich des Wissenstand der Klienten, sowie der individuellen Kommu-nikationsfähigkeit dieser, gilt es gezielt Informationen zu vermitteln, Informationen haben dabei jedoch nicht das Lösen von Sachverhalten zum Ziel, sondern sollen dazu beitragen, die Bedeutung der Informationen für das spezifische Problem zu erkennen. Berater tragen dabei die Aufgabe, Herausforderungen gemeinsam mit den Klienten herauszuarbeiten und neue Sichtweisen auf diese zu entwickeln (Culley & Müller, 2002, S. 136). Informationen können dabei durch verschiedene Medien, in Form von Grafiken, Schaubildern, Plänen oder Merkblättern weitergegeben werden (Kolb, 2014, S. 46). Es sollten dabei lediglich relevante Informationen, welche nicht übermäßig viele Details beinhalten, in einer klaren, prägnanten Alltagssprache vermittelt werden (Culley & Müller, 2002, S. 136). Zusammenfassend können herausfordernde Situationen, in der Regel von jenen Beratern am erfolgreichsten gelöst werden, welchen die größte Anzahl an Handlungsalternativen einfällt. Ein hohes Spektrum an Ideen, Strategien und Techniken erhöhen dabei die Wahrscheinlichkeit eines Erfolgs, stellen jedoch keine Garantie dar (Lippitt & Lippitt, 2015, S. 63–64).

2. Aufgabe 2

Die Systemische Beratung stellt ein spezifisches Erkenntnis- und Handlungsmodell dar, in welchem Personen zu jeder Zeit in einer Wechselbeziehung mit ihrem Kontext sieht und sich dadurch von einer linear-kausalen Denkweise abgrenzt (Schubert et al., 2019, S. 90). Als System wird ein Aggregat an Einzelvorgängen, welche nach bestimmten Gesetzen wechselseitig wirken sowie dynamisch voneinander abhängig sind und wodurch ein gemeinsamer Effekt erzielt wird, bezeichnet (Dörner, 2019, o. S.). Im Rahmen der Systemischen Beratung werden Probleme, Unwohlsein, Unzufriedenheit sowie innere Konflikte (Ambivalenzen) aus der Beziehung des Menschen zu seinem Umfeld und Umwelt heraus erklärt. Der Hauptfokus liegt dabei auf der subjektiven Wahrnehmung eines Kontextes bzw. eines „äußeren" Systems. Die Systemische Beratung und Psychotherapie basiert dabei auf dem Paradigma, dass Phänomene nicht isoliert, sondern lediglich in ihrer spezifischen Wechselwirkung und in Beziehung ihrer Rückkopplungsmechanismen in komplexen Systemen (Paarbeziehungen, Familien, Gruppen, Arbeitsteams), welche i. d. R. nach einem Gleichgewichtszustand mit den umgebenden Umweltsystemen streben, begriffen werden (Mücke, 1998, S. 90). Maßgebend für die zirkulären Prozesse sind dabei die Kommunikations- und Interaktionsweisen, sowie die wechselseitigen Auffassungen/Erwartungen und Bedeutungszuschreibungen (Konstrukte) der jeweiligen Systemmitglieder. Dadurch wird deutlich, dass nicht das einzelne Individuum behandelt wird, sondern die die Beziehung konstituierenden Prozesse.

Die Ressourcenorientierung stellt eine grundlegende Haltung innerhalb des systemischen Denkens dar, welche sich aus der Wertschätzung aller Persönlichkeitsfacetten von Klienten ergibt (Schubert et al., 2019, S. 97–99). „Würdigung, Achtung und Respekt dem Menschen und seiner systemischen Verwurzelung [...]" (Mücke, 1998, S. 25) gegenüber, stellt dabei ein zentrales Element, ebenso wie ein ethisches Fundament der systemischen Beratung dar. Es wird dabei auf positive, als auch auf negative Verhaltensweisen abgezielt. Die Wertschätzung aller Klienten gleichermaßen und eine dementsprechende Allparteilichkeit gehört demnach zu den Grundprinzipien des systemischen Ansatzes. Daraus ergibt sich die Ressourcenorientierung des systemischen Denkens, dabei sollen die Verhaltensweisen nicht als Defizite bezeichnet, sondern wertgeschätzt werden und damit auch positiv konnotiert werden, wodurch wiederum der Fokus der Betrachtung auf die Ressourcen gerichtet wird. Im Rahmen der systemischen Beratung wird davon ausgegangen, dass die Lösungsfindung in jedem Individuum selbst liegt (Schubert et al., 2019, S. 97–99). Demnach verfügt jedes System über die notwendigen Ressourcen, die zur Lösung einer Anforderung benötigt werden, diese jedoch zu dem jeweiligen Zeitpunkt aus subjektiv respektablen Gründen nicht genutzt werden. Der Fokus liegt im Rahmen der Systemischen Beratung demnach nicht auf der Anforderung bzw. dem Problem, sondern von vornherein auf der Konstruktion von Lösungen (Schlippe & Schweitzer, 2016, S. 209).

Das Kohärenzgefühl (SOC) wird als „[...] eine globale Orientierung, die ausdrückt, in welchem Ausmaß man ein durchdringendes, andauerndes und dennoch dynamisches Gefühl des Vertrauens hat, [...]" (Franke & Antonovsky, 1997, S. 36) definiert. Das Vertrauen richtet sich dabei darauf, dass die Stimuli welche sich im Verlauf des Lebens aus der inneren und äußeren Umgebung ergeben, strukturiert, vorhersehbar und erklärbar sind. Weiterhin umfasst das beschriebene Vertrauen ebenfalls, ein Vertrauen in die zur Verfügung stehenden Ressourcen, welche dazu dienen den Anforderungen der Stimuli zu begegnen und ebenfalls, dass sich Anstrengung und Engagement lohnen, welche den Anforderungen bzw. den Herausforderungen entgegen gebracht wird (Franke & Antonovsky, 1997, S. 36). Ressourcen werden aktiviert, um Anforderungen bewältigen zu können, diese setzen sich zusammen aus externen Anforderungen (beruflichen, familiären oder sozialen Umwelt) sowie aus internen Anforderungen (Bedürfnisse, Ziele, Werte, Normen und Erwartungen). Dabei können interne (einer Person zur Verfügung stehenden psychischen und physischen Mittel und Eigenschaften) und externe (aus der Umwelt entstehende soziale, berufliche, materielle, gesellschaftliche und ökologische) Ressourcen unterschieden werden (Faltermaier & Hübner, 2019, o. S.). Das Kohärenzgefühl setzt sich somit aus der Verstehbarkeit, Handhabbarkeit und Bedeutsamkeit zusammen. Die Verstehbarkeit bezeichnet dabei das Ausmaß in welchem interne und externe Stimuli als kognitiv sinnhaft wahrgenommen werden, entsprechend als geordnet, konsistent und strukturiert, nicht als chaotisch, ungeordnet, willkürlich, zufällig und unerklärlich. Personen, welche über ein hohes Maß an Verstehbarkeit verfügen, gehen davon aus, dass zukünftig begegnete Stimuli vorhersagbar sind und im Falle, dass diese dennoch überraschend auftreten, einordbar sowie erklärbar sind. Die Handhabbarkeit bezeichnet daneben „[...] das Ausmaß, in dem man wahrnimmt, daß man geeignete Ressourcen, die man selbst unter Kontrolle hat oder solche, die von legitimierten anderen kontrolliert werden [...]" (Franke & Antonovsky, 1997, S. 34–36) zur Verfügung stehen. Als legitimierte andere werden vertrauensvolle Personen der jeweiligen Person bezeichnet (bspw. Ehepartner, Freunde, Kollegen, der Parteivorsitzende oder ein Arzt). Personen, welche über ein hohes Maß an Handhabbarkeit verfügen, lassen sich nicht vorzeitig durch Ereignisse bzw. spezielle Stimuli in die Opferrolle drängen oder fühlen sich ungerecht behandelt. Die Bedeutsamkeit repräsentiert dabei das motivationale Element, diese Komponente bezieht sich „[...] auf das Ausmaß, in dem man das Leben emotional als sinnvoll empfindet: daß wenigstens einige der vom Leben gestellten Probleme und Anforderungen es wert sind, daß man Energie in sie investiert, daß man sich für sie einsetzt und sich ihnen verpflichtet, daß sie eher willkommene Herausforderungen sind als Lasten, die man gerne los wäre." (Franke & Antonovsky, 1997, S. 36). Eine Person, welche über ein hohes Ausmaß an Bedeutsamkeit verfügt, versteht unglückliche Erfahren als Herausforderungen und nimmt diese bereitwillig an, misst diesen eine Bedeutung zu und wird ihr Möglichstes tun um diese mit Würde zu überwinden (Franke & Antonovsky, 1997, S. 34–36).

Die Methoden der Systemischen Beratung werden in strukturelle und strategische Methoden geteilt, welche sich zusammensetzten aus den symbolisch-metaphorischen Methoden, den Systemische Fragen und den Narrativen Methoden. Jede Beratung, somit ebenfalls die systemische, beginnt mit einer Kontaktaufnahme, in welcher die Klienten und Berater stufenweise Informationen übereinander sammeln, daraus Hypothesen über die Entstehungs- und Aufrechthaltungskontexte der Probleme und über mögliche Lösungswege formulieren. Dafür wird das sog. Joining angewandt, welches den Prozess bezeichnet, sich inhaltlich und emotional, verbal und nonverbal auf das Klientensystem einzustimmen, einen guten Kontakt aufzubauen, sowie von ihm akzeptiert zu werden (Schlippe & Schweitzer, 2016, S. 224). Dazu gehören Interaktionsversuche, welche sich u.a. zusammensetzten aus „Kontakt herstellen", „die Klienten dort abholen, wo sie stehen", „miteinander warmwerden" sowie „einen Zugang finden" (Schwing & Fryszer, 2006, S. 33–36). Zur Beeinflussung des Kohärenzgefühls im Rahmen der Systemischen Beratung zielt das Joining darauf ab, die Anfangsnervosität der Klienten zu überwinden und Vertrauen in die Gesprächssituation und zu den Beratern aufzubauen (Schlippe & Schweitzer, 2016, S. 225). Je besser dabei die Beziehungsgestaltung ist, desto intensivere Veränderungsarbeiten gelingen im Anschluss, denn nur beim Vorliegen eines angemessenen Maßes an Kontakt, Beziehung und Vertrauen zu den Klienten, können Konfrontationen (Kutz & Springer Fachmedien Wiesbaden GmbH, 2020, S. 30) bzw. „[...] systemisch-wirksame liebevoll-verstörende [...]" (Kutz & Springer Fachmedien Wiesbaden GmbH, 2020, S. 30) Konfrontationen, angewandt werden können.

Die Verstehbarkeit bezeichnet das Ausmaß in welchem interne und externe Stimuli als sinnhaft wahrgenommen werden, im Rahmen der systemischen Beratung sollte hinsichtlich dessen zunächst die oft vielfältigen und widersprüchlichen Erwartungen identifiziert werden (Schlippe & Schweitzer, 2016, S. 235). Dabei können sog. systemische Fragen angewandt werden, diese beruhen auf einer spezifischen Form der Gesprächsführung, in welcher über spezielle Frageformen die wechselseitigen Annahmen (Konstruktionen) der Systemmitglieder übereinander, als auch über die erlebten Interaktionsregeln erfasst werden. Es werden somit nicht Dinge, Eigenschaften oder Ereignisse fokussiert, sondern Überzeugungen, welche das Verhalten wechselseitig steuern, als auch Kontroll- bzw. Beeinflussungsversuche der Systemmitglieder untereinander. Dafür eignen sich u. a. Differenzierungsfragen, welche dazu beitragen, dass die Klienten ihre Wahrnehmung sowie Bewertungen (Konstruktionen) differenzieren, wie z. B. über triadische Fragen durch welche Vergleiche hergestellt und Unterschiede herausgearbeitet, Auffassungen anderer erfasst oder Eigenschaften in Verhaltensweisen überführt werden können. Daneben können ebenfalls problemorientierte Fragen bzw. sog „Verschlimmerungsfragen" eingesetzt werden, welche die Klienten dazu anregen können, die eigene Beteiligung am Problemzustand zu reflektieren, ohne dass damit konkret eine Aufforderung etwas zu ändern verbunden ist. Daneben können ebenfalls Fragen nach dem Nutzen des Problems, sowie Fragen zur Möglichkeitskonstruktion, bspw. „wie das Leben aussehen würde, wenn die Lösung schon da wäre oder eine Verbesserung eingetreten wäre, [...] oder sich irgendetwas ganz anders im Leben ereignet hätte" (Schubert et al., 2019, S. 106). Ebenfalls eignet sich zur Verbesserung der Verstehbarkeit das sog. Reframing, in welchem sich interventiv eingesetzte Kommentare auf eine Uminterpretation (Reframing) der Funktion des Symptoms oder des Kontextes beziehen, sodass Klienten, welche bisher negativen Auffassungen trugen, auf eine andere weiße betrachten bzw. den Sinn und die Funktion des Problems erkennen können. Dabei zielt das Reframing darauf ab, die in einem spezifischen Ursache-Wirkungs-Zusammenhang gebundenen Denkmuster aufzulösen und Klienten aus rigiden Verhaltens- sowie Denkmustern herauszuführen. Es kann dabei das kontextuelle Reframing, welches eine Kontextdeutung innerhalb der das Symptom als sinnvoll, hilfreich oder weniger bedrohlich aufgefasst wird oder ein inhaltliches Reframing, welches eine positiv gewertete Interpretation für ein gezeigtes Verhalten herbeiführt und so dessen Bedeutung verändert, ohne dabei den Bezugsrahmen wesentlich zu verändern, eingesetzt werden. Das Reframing umfasst dabei hinsichtlich der Verstehbarkeit, dass Anerkennen vorhandener Ressourcen, der gezeigten Änderungsorientierung sowie eine

17

positive Umdeutungen von Problemen oder symptomatischen Verhaltensweisen (Schubert et al., 2019, S. 103–104). Daneben können Genogramme und Systembeziehungskarten eigesetzt werden (Abb. 2).Das Genogramm erfasst Personen und ihre familialen Beziehungen über mehrere Generationen hinweg und ordnet diese in grafischer Form ein, dieses bietet dabei einen raschen Überblick über komplexe Familienstrukturen und über mögliche Auswirkungen auf das Gegenwartssystem, wodurch wiederrum negative externe und ggf. auch interne Stimuli als sinnhafter wahrgenommen werden können (Schubert et al., 2019, S. 104).

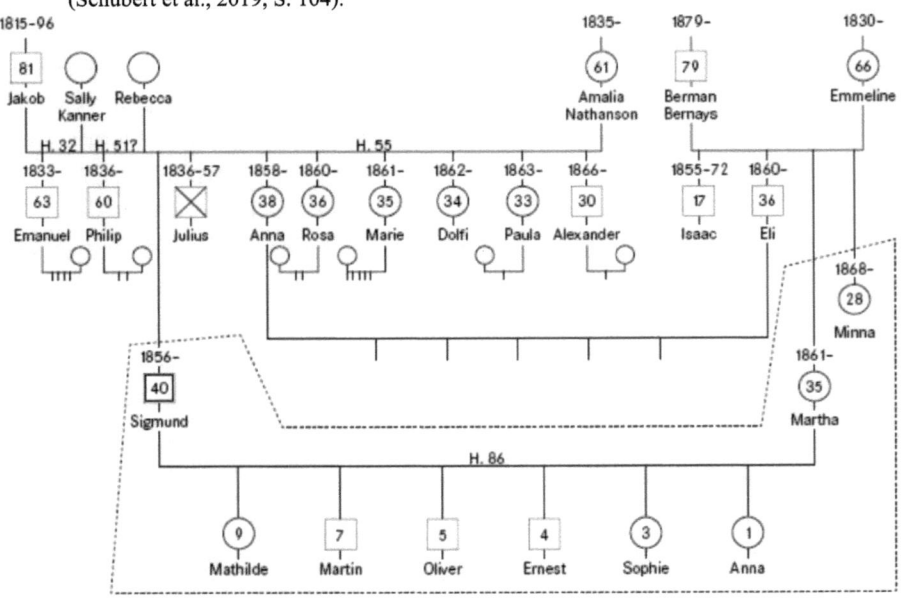

Abbildung 2 Genogramm der Familie Freud (Beispiel)
Quelle: McGoldrick, Gerson & Erckenbrecht, 1990, S. 19

Systemkarten können die Organisation des Systems, ihre Interaktions- und Beziehungsmuster, sowie Regeln über Verbindungslinien und spezifische grafische Symbole, darstellen. Diese ermöglichen dabei eine Visualisierung von eng verbundenen bzw. verstrickten, distanzierten, ausgegrenzten Personen, sowie dem Identifizieren von Koalitionen und Konflikten (Schubert et al., 2019, S. 104). Dieses kann dabei das sinnhafte Verstehen externer Stimuli im Rahmen der Familie ermöglichen. Ebenfalls kann eine VIP-Card eingesetzt werden, diese kann die Ausgeglichenheit der Lebensbereiche visualisieren, dabei kann das Vorhandene/Gut-Funktionierende verdeutlicht werden und gleichzeitig können die vom Klientensystem gewünschten Veränderungsbereiche identifiziert werden. Durch die sinnhaften Wahrnehmung interner sowie externe Stimuli, durch eine VIP-

Card werden Ressourcen aufgedeckt, welches ebenfalls die Handhabbarkeit der Klienten fördert (Kutz & Springer Fachmedien Wiesbaden GmbH, 2020, S. 36)

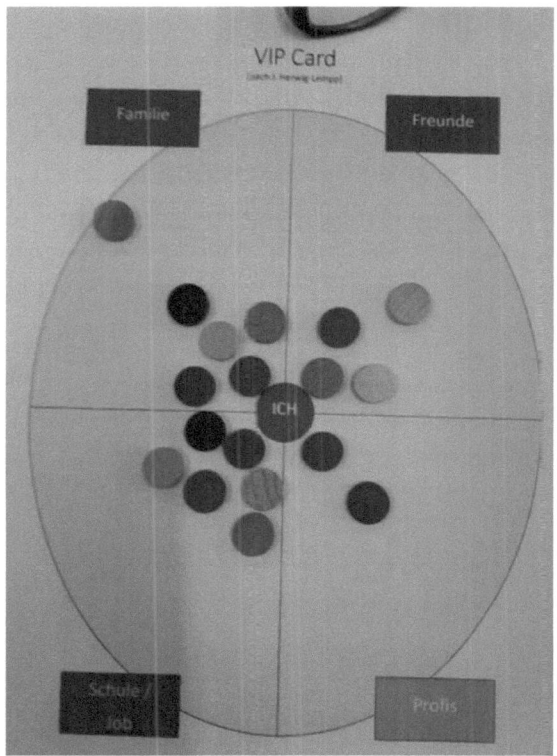

Abbildung 3 Beispiel einer VIP-Card
Quelle: (Kutz & Springer Fachmedien Wiesbaden GmbH, 2020, S. 38)

Die Handhabbarkeit setzt sich aus der Wahrnehmung interner sowie externen Ressourcen zusammen, die systemische Beratung zielt hinsichtlich dessen u. a. darauf ab, den Klienten zu helfen, komplexe Zusammenhänge auf eine Weise zu verstehen, welche möglichst eine Vielzahl an Lösungen sichtbar macht. Erforderlich dafür ist das Sammeln einer hohen Anzahl an Informationen, welche durch Kernbegriffe oder visuelle Landkarten in ihrer Komplexität reduziert werden sollten (Schlippe & Schweitzer, 2016, S. 225). Im Rahmen der systemischen Beratung äußern sich externe Ressourcen in Form von Fakten (Bspw. Wer gehört als (Familien-)Mitglied dazu? Wie alt sind die einzelnen (Familien-)Mitglieder?). Sichtweisen wiederspiegeln unteranderem interne Ressourcen, diese setzten sich zusammen aus unterschiedlichen, individuellen und ggf, umstrittenen Informationen (Schlippe & Schweitzer, 2016, S. 227; Schwing & Fryszer, 2006, S. 29).

Das Genogramm bietet dabei ebenfalls einen raschen Überblick über komplexe Familienstrukturen und über mögliche Auswirkungen auf das Gegenwartssystem, sowie insbesondere hinsichtlich der Handhabbarkeit, die Möglichkeit zur Ressourcenaufdeckung (Schubert et al., 2019, S. 104). Eine weitere Methode zur Erhöhung der Handhabbarkeit und somit zum sichtbar machen von Ressourcen stellt die Timeline bzw. Zeitlinie dar. Im Rahmen dieser werden sowohl positive als auch negative Ereignisse aus der Biografie der Person, als auch gewünschte Ziele in der nahen Zukunft entlang einer Linie (Bspw. auf Papier oder entlang eines Seils) dargestellt. Durch diese lassen sich positive Entwicklungen, als auch der Einfluss belastender Ereignisse, sowie bisherige Bewältigungs- und Lösungsversuche erfassen. Daneben macht diese insbesondere interne sowie externe Ressourcen, welche aus Erfahrungen gewachsen sind und ebenfalls jene, welche nicht genutzt werden sichtbar (Schubert et al., 2019, S. 104–105).

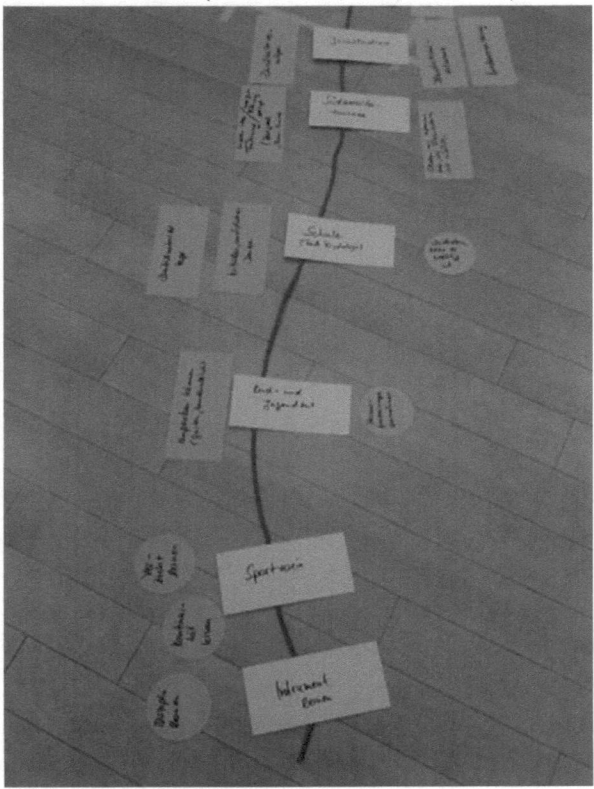

Abbildung 4 Beispiel für eine Timeline-Arbeit
Quelle: Kutz & Springer Fachmedien Wiesbaden GmbH, 2020, S. 36

Das Soziogramm eignet sich daneben ebenfalls um Ressourcen, insbesondere Beziehungsressourcen sichtbar, sowie erfahrbar zu machen. Dabei wird der Blick auf das schon vorhandene und gut funktionierende im Klientensystem gelenkt und jeweilige Beziehungsgeflechte, -intensitäten sowie -qualitäten sichtbar gemacht.

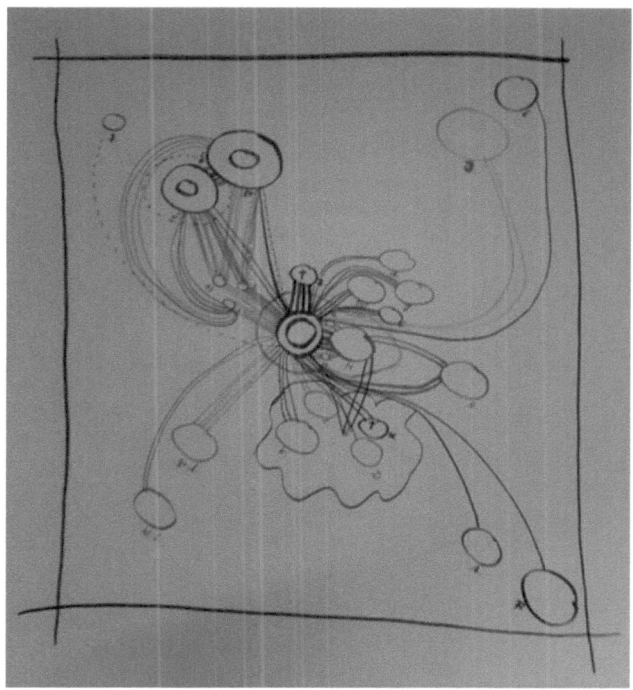

Abbildung 5 Soziogramm-Arbeit
Quelle: Kutz & Springer Fachmedien Wiesbaden GmbH, 2020, S. 37

Zur Erhöhung der Bedeutsamkeit eignen sich insbesondere Narrative Methoden, diese gehen davon aus, dass Menschen ihre Erfahrungen in Narrationen interpretieren, welche in Form von Selbsterzählungen bedeutsam für die individuelle Identitätsentwicklung sind. Wenn das Leben, Verhaltensweisen und Beziehungen stetig in Verbindung mit Problemerzählungen erlebt werden, können sich negative Überzeugungen über das Selbst und andere Personen verfestigen und dadurch zu erheblichen Verzerrungen im Alltag sowie in der Identitätsentwicklung führen. Im Rahmen des narrativen Ansatzes werden diese erkundet und in Frage gestellt, dadurch sollen die Klienten zu veränderten Selbsterzählungen angeregt werden. Dadurch wird eine Neukonstruktion von

Lebensnarrationen, sowie eine Veränderung der Problemsicht und Erweiterung der Handlungsmöglichkeiten gefördert. Dem Berater kommt dabei während der Rekonstruktion bzw. Dekonstruktion der Geschichte eine unterstützende Funktion zu, die zum Ziel hat, eine alternative Lebensgeschichte zu entwickeln, welche weniger problembestimmt ist und zur Identitätsentwicklung beiträgt (Schubert et al., 2019, S. 107).

3. Aufgabe A3

3.1 Kommunikationsmodelle nach Schulz von Thun

Im Zentrum des Kommunikationsmodells nach Schulz von Thun (2000) steht die Nachricht bzw. Äußerung, welche als „vier Schnäbel" (auf Seiten der sendenden Person) und „vier Ohren" (auf Seiten der empfangenden Person) bezeichnet werden. Eine Äußerung enthält demnach vier simultane Botschaften, welche sich aus einem Sachinhalt, einer Selbstoffenbarung, einer Beziehungsaussage sowie einem Appell zusammensetzten (Röhner & Schütz, 2016, S. 24; Schulz von Thun, 2018, S. 21). Der jeweilige Sachinhalt einer Nachricht enthält Sachinformationen, welche die sendende Person der empfangenden Person mitteilen möchte. Die Selbstoffenbarung enthält Informationen über die sendende Person, welche sich aus einer gewollten Selbstdarstellung, als auch aus unbeabsichtigter Selbstenthüllung zusammensetzten. Beziehungsaussagen setzten sich zusammen aus der Art und Weise, wie eine Person angesprochen wird und enthält demnach Informationen darüber, wie die Beziehung zwischen der sendenden und empfangenden Person definiert ist. Der Appell beinhaltet die gewünschte Wirkung der Nachricht, welche die adressierte Person dazu veranlassen soll, bestimmte Dinge zu tun, zu unterlassen, zu denken oder zu fühlen (Schulz von Thun, 2018, S. 22). Entsprechend setzten sich die Empfangsmodalitäten des Empfängers aus dem Sachohr, dem Selbstoffenbarungsohr, dem Beziehungsohr und dem Apellohr zusammen. Die individuelle Intention der jeweiligen Botschaft, entspricht dabei häufig nicht der Interpretation der Botschaft durch den Empfänger (Baller & Schaller, 2017, S. 23).

Es lassen sich acht Kommunikations- und Interaktionsstile unterscheiden, welche sich jeweils mit einer inneren Verfassung („Ich-Zustände") verbinden lassen, einem Gemisch aus Bedürfnissen, Gefühlen, Stimmungen und Absichten (Schulz von Thun, 2018, S. 22).

Bezeichnung	Beschreibung
Der bedürftig-abhängige Stil	- Stellt sich schwach und hilflos dar - Zielt auf Unterstützung und Hilfe von anderen ab
Der helfende Stil	- Stark, belastbar und dauerhaft von einer helfenden Strömung erfasst - Fokus auf schwächen und - Enthält Anteile einer gewissen Überlegenheit anderen ggü.
Der selbst-lose Stil	- Drang anderen Menschen zu helfen mit einer aufopfernden Tendenz und Unterwürfigkeit

	-	Präsentiert sich als unwichtig und unbedeutend sowie mit einer Selbstabwertung
	-	Erlangt durch Aufopferung ein Gefühl der eigenen Nützlichkeit
Der aggressiv-entwertende Stil	-	Setzt den gegenüber bewusst herab, um überlegen zu wirken
	-	Konzentration auf Fehler und Schwächen anderer, um sich davor zu schützen, eigene Schwächen und Fehler aufzudecken
Der sich beweisende Stil	-	Ständige Selbstwertsicherung indem versucht wird kompetent und gescheit zu erscheinen, ohne eigene Überzeugung
	-	Versucht Lob und Anerkennung zu erlangen, indem eine Fassade aufrecht gehalten wird.
Der bestimmende-kontrollierende Stil	-	Angst vor Kontrollverlust, gibt Anweisungen, um die Umwelt zu kontrollieren und zu lenken
	-	Schützt sich durch Kontrolle vor unvorhergesehenen Überraschungen und Chaos
Der sich distanzierende Stil	-	Wahrung eines emotionalen Sicherheitsabstands
	-	Persönliche Abwertung seiner selbst
Der mittelungsfreudig-dramatisierende Stil	-	Mitteilungsfreudig und besitzt starke Gefühlsausdrücke um sich in den Mittelpunkt zu stellen

Tabelle 2 Kommunikationsstile nach Schulz von Thun
Quelle: Schulz von Thun, 2018, S. 67, 87, 108, 134, 181, 201, 226, 272

3.2 Fallbeispiel

Frau M. (25 J.) besucht die Beratungspraxis aufgrund etwaiger Unzufriedenheit mit ihrer aktuellen Lebenssituation. Sie habe Schwierigkeiten bei der Suche einer Arbeitsstelle, sowie einer darauffolgenden Einstellung. Ebenfalls habe sie Schwierigkeiten dabei, den Haushalt zu bewältigen, Unterlagen fertig zu stellen, sowie Rechnungen zu bezahlen. Frau M. beschreibt dabei außerdem während des ersten Telefonats, dass sie nicht genug Unterstützung und Hilfe seitens ihrer Familie erhält und dies unteranderem die Ursache ihrer Widrigkeiten sei. Im Rahmen des ersten Beratungsgesprächs, lässt sich der Blick von Frau M. als Traurig einstufen, während ihrer Erläuterung über ihre aktuelle Situation, Seufzt sie gelegentlich. Durch die bereits erläuterten Aussagen und Verhaltensweisen von Frau M. lässt sich ein Bedürftig-abhängigen Stil vermuten.

Die Nonverbale Kommunikation bedient sich für den Informationsaustausch nicht an sprachlichen Mitteln und setzt sich aus nicht-verbalen vokalen Modalitäten der Kommunikation und aus nonverbalen sichtbaren Modalitäten der Kommunikation zusammen. Ersteres besteht aus (1) stimmlichen Merkmalen, (2) Merkmale des Sprech-Pausen-Verhaltens und (3) Paralinguistischen Merkmalen, nonverbale sichtbare Modalitäten setzten sich aus der (4) Mimik, (5) dem Blickverhalten, (6) der Gestik, sowie (7) der Körperhaltung und Körperbewegung zusammen (Ellgring, 2019, o. S.). Vor der Interpretation von Nonverbalen Verhaltensweisen, sollten die unterschiedlichen Möglichkeiten ihrer Bedeutung berücksichtigt werden. Diese sind stets abhängig von der Situation, den beteiligten Personen und dem Verhältnis dieser Personen zueinander, sowie etwaiger kultureller, sozialer und individueller Prägungen, aufgrund derer sich körpersprachliche Aussagen, in manchen Fällen, andere Bedeutungen zuordnen lassen (Sentürk, 2012, S. 59).

Die Augen sind über die Hirnnerven unmittelbar mit dem Hirnstamm verbunden und reagieren somit in vielen Situationen direkt und unwillkürlich (Bernhardt & Springer Fachmedien Wiesbaden GmbH, 2019, S. 203). Unter dem Augenkontakt wird ein einseitiges Anschauen, unter dem Blickkontakt wird dagegen ein wechselseitiger Augenkontakt verstanden (Röhner & Schütz, 2016, S. 74). Frau M. kann dabei bspw. weit geöffnete Augen vorweisen, welche das Sichtfeld weiten, um möglichst viele Informationen bspw. Hilfeleistungen des Beraters aufzunehmen, daneben kann sie eine starke Pupillenverengung vorweisen, welche u. a. mit einer Überforderung assoziiert werden. Frau M. kann darüber hinaus ihre Augen weit aufreißen, welche auf starke Gefühle hinweisen, hinsichtlich des bedürftig-abhängigen Stils, kann dabei die Angst vor dem selbstständigen handeln Ursache sein (S.206-211). Frau M. kann ebenfalls den Blick des/der Berater/in vermeiden , dabei kann sie häufig und über einen langen Zeitraum zur Decke oder aus dem Fenster schauen, welches die Suche nach einem Fluchtweg signalisiert. Schließt Frau M. dabei die Augenlider mit einer kurzen Verzögerung, kann dies womöglich auf eine Machtlosigkeit hinweisen, daneben kann Frau M. ebenfalls ihre Augen mit einer oder beiden Händen bedecken, welches Ratlosigkeit hinsichtlich des selbstständigen Handelns signalisieren kann (Bernhardt & Springer Fachmedien Wiesbaden GmbH, 2019, S. 203–208; 213–214). Die Mimik bzw. der Gesichtsausdruck stellt eine reichhaltige Informationsquelle dar, indem kleinste Veränderungen des Mimischen Ausdrucks, die zu übertragende Botschaft modifizieren kann (Röhner & Schütz, 2016, S. 74–76). Mimische Ausdrücke zeigen sich dabei im Bereich der Stirn und der Augenbrauen, den Augen und der Nase sowie dem Mund und dem Kinn. Im Bereich der Stirn könnte Frau M. waagerechte Falten vorweisen, welche auf Angst bzw. Trauer, hinsichtlich des selbstständigen Handelns hinweisen könnten, ebenfalls könnte sie ein Stirnrunzeln vorweisen, welches signalisiert, dass sie sich in einer unangenehmen Situation befindet, aus welcher sie aktuell keinen Ausweg findet. Die Augenbrauen von Frau M. könnten gesenkt sein, welches u.

a. auf negative Gefühle und ein geringes Selbstvertrauen schließen lässt, daneben können diese auch zusammengezogen sein, welches auf empfundenen Stress und eine einge-schränkte Belastbarkeit hinweisen kann. Die Augenlider von Frau M. könnten dabei län-ger gehoben sein, welches auf eine beginnende oder kontrollierende Angst im Bezug auf die Hilflosigkeit hinweisen kann. Frau M. kann darüber hinaus angespannte Lippen und einen angespannten Unterkiefer vorweisen, welches Angst, Nervosität und emotionalen Stress ausdrücken kann (Bernhardt & Springer Fachmedien Wiesbaden GmbH, 2019, S. 231–230).

Die Körpersprache stellt eine Unterform der nonverbalen Kommunikation dar, welche sich aus Gesten, Kopfbewegungen, Körperhaltungen, Augen- und Blickkontakt, sowie dem Gesichtsausdruck zusammensetzten. Gesten stellen dabei Bewegungen der Glied-maßen dar, insbesondere der Hände und Arme (Röhner & Schütz, 2016, S. 72–73). Dabei werden Embleme, welche nonverbale Signale darstellen und die Sprache ersetzten kön-nen, von Illustratoren unterschieden, welche sprachbegleitende nonverbale Signale dar-stellen und das Verständnis des gesagten erleichtern sollen (Ekman & Friesen, 1981, S. 63–70). Frau M. könnten hinsichtlich der Körperhaltung einen schmalen Stand haben, welcher sich durch eine geringere Breite als die Hüfte äußert und bis hin zu berührenden Füßen reicht, wodurch kaum Territorium beansprucht wird sowie Anpassungsbereitschaft und Passivität Signalisiert wird (Bernhardt & Springer Fachmedien Wiesbaden GmbH, 2019, S. 151). Das Gehverhalten kann aktuelle Stimmungen sowie Einstellung ausdrü-cken und ist somit charakteristisch sowie individuell. Im falle des Bedürftig-abhängigen Stils kann ein kraftloser Gang auftreten, welcher sich durch zurückhaltende Bewegun-gen, schwache Armbewegungen und kurze Schritte äußern kann. Weiterhin wird be-schrieben, dass die Schrittlänge die individuelle Größe der Informationsbündel, welche wir bevorzugt verarbeiten können entspricht. Der Bedürftig-abhängige Stil an Frau M. kann sich bspw. u. a. auch durch kleine Schritte äußern, welche stets Kontakt zum siche-ren Boden bieten und ebenfalls einen Balanceverlust vermeiden. Ein lustlos wirkender, spannungsarmer, schleppender Gang wird u.a. mit dem Fehlen aktionsbereiter Spannung assoziiert. Weißt Frau M. diesen vor, könnte sie mit dem sehen vieler Hindernissen in Gegebenheiten, sowie dem schnellen finden von Ausreden sowie einer fehlenden Ent-scheidungskraft, in Verbindung gebracht werden (Bernhardt & Springer Fachmedien Wiesbaden GmbH, 2019, S. 171–174)

Bernhardt (2019) erläutert, dass Gesten einen natürlichen Bestandteil der Kommunikation darstellen (S.269). Hinsichtlich der Gestik könnte Frau M. u. a. enge und kleine Bewegungen, welche die Schulterbreite nicht übersteigen vorweisen, welches nur wenig Spielraum und eine geringe Bereitschaft dem gegenüber entgegenzutreten signalisiert (S.271). Frau M. könnte ebenfalls Aussagen hinsichtlich des Selbstständigen Handelns des/der Berater/in mit von sich weg zeigenden Handflächen und gespreizten Fingern ruckartig zurückweisen, welches auf eine Abwehr des gehörten und einen hohen emotionalen Gehalt hinweisen kann. Je höher Frau M. im Rahmen der Situation und je direkter die Handflächen ggü. dem/der Berater/in gehoben werden, desto höher ist in dem Fall der Grad der Ablehnung (S.273). Hinsichtlich der Haltung der Arme, könnte Frau M. diese eng an ihren Körper pressen, dies könnte auf Unterordnung und Angst hinweisen, wie weit die Arme und Hände vom Körper geführt wird, gibt Aufschluss über die Aktionsbereitschaft und Offenheit des Gesprächspartners (S.276). Die Handstellung kann in Form von passiven Gesten interpretiert werden, diese hallen gleich einem Echo dem zuvor gesagtem nach, welche jedoch stets im Zusammenhang mit anderen nonverbalen Signalen beobachtet werden müssen und als Teil einer Signalkette verstanden werden sollten. Frau M. könnte beispielsweise ihre Handflächen locker aufeinander auflegen, sodass diese wie in einem Gebet geformt sind, diese jedoch nach vorne gerichtet halten. Dies impliziert neben dem Schutzbedürfnis, die sanfte bitte und den Wunsch nach Annahme des gesagten. Dabei kann Frau M. die Stellung der Hände ebenfalls nach oben verändern, welches den bittenden und untergeordneten Charakter von Frau M. verstärken würde (Abb. 2; S.296). Steigt der Druck im Rahmen der Beratungssituation, könnte Frau M. die Haltung ihrer Hände zum sog. „Stachelschwein" verändern, welches sich durch ineinandergleitende, verschränkte und ausgestreckte Finger, welche im 90-Grad-Winkel eine Abwehrformation bilden, äußert (Abb. 2; S.296).

Abbildung 6 Beispiel einer betenden und Igel Haltung
Quelle: Bernhardt & Springer Fachmedien Wiesbaden GmbH, 2019, S. 294; 297

Bewegt sich die Atmung innerhalb eines gewissen Toleranzspektrums, ist der Mensch sich i. d. R. nicht oder nur wenig über diese bewusst, diese kann jedoch vom jew. Berater wahrgenommen und individuell hinsichtlich Veränderungen des Rhythmus und des Einsetzens der Veränderungen, sowie der emotionalen Lage der Klienten Interpretiert werden. Der Atemrhythmus und die Tiefe der Atmung kann durch das Weiten des Brustkorbs und dem Heben der Schultern, des Halsen und der Arme während des Ein- sowie Ausatmens, erkannt werden. Beim Einatmen wird der Sympathikus aktiviert und der Organismus wird in einen aktionsbereiten Zustanden versetzt, daher ist dieses verbunden mit steigender Kraft, Vitalität sowie Aktivität, aber auch mit der Aktivierung des Kampf- und Fluchtmodus, sowie der Ausschüttung von aktivierenden Stresshormonen. Steigende körperliche-, sowie geistige Belastungen, erfordern ein höheres Maß an Sauerstoff und äußern sich durch eine tiefere Atmung. Im Falle von Frau M. könnte diese bspw. bei einer kritischen Frage des/der Beraters/in, tief Luft holen. Frau M. könnte ebenfalls hinsichtlich kritischer Fragen oder Gesprächsthemen, welche das Selbstständige Handeln betreffen, ihre Wangen Aufblähen und im Extremfall die Luft sprudelnd über die Lippen ausatmen, welches auf Stress, Druck und Ratlosigkeit hinweist (Bernhardt & Springer Fachmedien Wiesbaden GmbH, 2019, S. 315–318). Die Beine und Füße kommen ihren Aufgaben weitestgehend automatisch nach, ein schneller erster Schritt oder in abruptes Unterlassen desselben kann für das Überleben entscheidend sein. Frau M. könnte dabei bspw. die Fußspitzen nach innen gedreht ausrichten, welches eine Barriere und einen vorsichtigen, sowie verlegenden Typus signalisiert. Diese signalisieren dabei mitunter sich selbst auszubremsen, sowie fehlenden Mut, sich in Schlüsselsituationen spontan zu entscheiden. Daneben könnte Frau M. die Füße ebenfalls unter den Stuhl zurückziehen, welches einen ersten Flucht- und Rückzugsimpuls signalisiert, welcher bspw. zeigen kann, dass Frau M. sich durch eine Frage unter Druck gesetzt fühlt (Bernhardt & Springer Fachmedien Wiesbaden GmbH, 2019, S. 338–339).

Literaturverzeichnis

Alsleben, H., Weiß, A. & Rufer, M. (2003). *Psychoedukation Angst- und Panikstörungen: Manual zur Leitung von Patienten- und Angehörigengruppen* (Im Dialog) (1. Auflage.). München Jena: Urban & Fischer.

Bachmair, S. (Hrsg.). (2014). *Beraten will gelernt sein: ein praktisches Lehrbuch für Anfänger und Fortgeschrittene* (Beltz-Taschenbuch Psychologie) (11. Aufl.). Weinheim: Beltz.

Baller, G. & Schaller, B. (2017). *Kommunikation im Krankenhaus: erfolgreich kommunizieren mit Patienten, Arztkollegen und Klinikpersonal.* Berlin Heidelberg: Springer Gabler.

Bernhardt, C. & Springer Fachmedien Wiesbaden GmbH. (2019). *Nonverbale Kommunikation im Recruiting Wie Sie passende Bewerber erkennen und für Ihr Unternehmen gewinnen.*

Culley, S. & Müller, C. W. (2002). *Beratung als Prozeß: Lehrbuch kommunikativer Fertigkeiten* (Beltz-Taschenbuch) (Unveränd. Nachdr.). Weinheim [u.a.]: Beltz.

Eggert, B. (2006). Ist der Wandel des Arzt-Patienten-Verhältnisses Folge des medizinischen Fortschritts? In V. Schumpelick & B. Vogel (Hrsg.), *Arzt und Patient - Eine Beziehung im Wandel* (Band Vol. 1, S. 81–97).

Ekman, P. & Friesen, W. V. (1981). The Repertoire of Nonverbal Behavior: Categories, Origins, Usage, and Coding. In A. Kendon, T.A. Sebeok & J. Umiker-Sebeok (Hrsg.), *Nonverbal Communication, Interaction, and Gesture.* Berlin, New York: DE GRUYTER MOUTON. https://doi.org/10.1515/9783110880021.57

Engel, R. (2020). *Gesundheitsberatung in der professionellen Gesundheits- und Krankenpflege: einführende Elemente, Methoden und Beispiele.*

Franke, A. & Antonovsky, A. (1997). *Salutogenese: Zur Entmystifizierung der Gesundheit.* (N. Schulte, Übers.) (1st edition.). Tübingen: dgvt-Verlag.

Härter M (2004), 'Patizipative Entscheidungsfindung (Shared Decision Making) - ein von Patienten, Ärzten und der Gesundheitspolitik geforderter Ansatz setzt sich durch', Zeitschrift für ärztliche Fortbildung und Qualität im Gesundheitswesen 98(89-92).

Heuer HO & Heuer S H. (1999). Definitionen von compliance und formen der non-compliance. *Compliance in der Arzneitherapie: von der Non-Compliance zu pharmazeutischer und medizinischer Kooperation ; mit 33 Tabellen.* Stuttgart: Wiss. Verl.-Ges.

Kolb. (2014). Gesprächsführung (Beltz-Taschenbuch Psychologie). In S. Bachmair (Hrsg.), *Beraten will gelernt sein: ein praktisches Lehrbuch für Anfänger und Fortgeschrittene* (11. Aufl.). Weinheim: Beltz.

Kutz, A. & Springer Fachmedien Wiesbaden GmbH. (2020). *Systemische Haltung in Beratung und Coaching wie lösungs- und ressourcenorientierte Arbeit gelingt.*

Lippitt, G. L. & Lippitt, R. (2015). *Beratung als Prozess: was Berater und ihre Kunden wissen sollten* (Edition Rosenberger) (4. Aufl.). Wiesbaden: Springer.

McGoldrick, M., Gerson, R. & Erckenbrecht, I. (1990). *Genogramme in der Familienberatung* (1. Aufl.). Bern : Stuttgart : Toronto: Verlag Hans Huber.

Mücke, K. (1998). *Systemische Beratung und Psychotherapie - ein pragmatischer Ansatz.* Berlin: ÖkoSysteme.

Noyon, A. & Heidenreich, T. (2020). *Schwierige Situationen in Therapie und Beratung: 34 Probleme und Lösungsvorschläge. Mit E-Book inside* (Originalausgabe, 3., erweiterte Edition.). Beltz.

petermann, F. & Mühling, S. (1998). Grundlagen und Möglichkeiten der Compliance-Verbesserung. In F. Petermann (Hrsg.), *Compliance und Selbstmanagement.* Gehalten auf der Symposium, Göttingen: Hogrefe, Verl. für Psychologie.

Röhner, J. & Schütz, A. (2016). *Psychologie der Kommunikation* (Basiswissen Psychologie) (2., Auflage.). Wiesbaden: Springer.

Schäfer, C. (2020). *Patientencompliance: Erfolgreiches Adhärenz-Management im Versorgungsalltag.* Wiesbaden: Springer Fachmedien Wiesbaden. https://doi.org/10.1007/978-3-658-29564-6

Schlippe, A. von & Schweitzer, J. (2016). *Lehrbuch der systemischen Therapie und Beratung. 1: Das Grundlagenwissen: mit 31 Abbildungen und 6 Tabellen* (3., unveränderte Auflage.). Göttingen Bristol, CT, U.S.A: Vandenhoeck & Ruprecht.

Schubert, F.-C., Rohr, D. & Zwicker-Pelzer, R. (2019). *Beratung: Grundlagen - Konzepte - Anwendungsfelder.* Wiesbaden: Springer Gabler. in Springer Fachmedien Wiesbaden GmbH. Zugriff am 4.1.2021. Verfügbar unter: https://public.ebookcentral.proquest.com/choice/publicfullrecord.aspx?p=5918744

Schulz von Thun, F. (2018). *Stile, Werte und Persönlichkeitsentwicklung: differentielle Psychologie der Kommunikation* (Miteinander reden) (37. Auflage, Originalausgabe.). Reinbek bei Hamburg: Rowohlt Taschenbuch Verlag.

Schwing, R. & Fryszer, A. (2006). *Systemisches Handwerk. Werkzeug für die Praxis* (7.durchges.Aufl. edition.). Göttingen Bristol, CT: Vandenhoeck & Ruprecht.

Sentürk, J. (2012). Körpersprachliche Signale. In J. Sentürk (Hrsg.), *Schulterblick und Stöckelschuh: Wie Haltung, Gestik und Mimik über unseren Erfolg entscheiden* (S. 59–128). Wiesbaden: Gabler Verlag. https://doi.org/10.1007/978-3-8349-3744-5_3

Simon, M. (2005). *Das Gesundheitssystem in Deutschland. Eine Einführung in Struktur und Funktionsweise* (1.,.). Bern: Huber, Bern.

32

Internetquellen

AOK-Bundesverband. (2020a). Compliance | C | Lexikon |. Zugriff am 4.1.2021. Verfügbar unter: https://aok-bv.de/lexikon/c/index_00278.html

AOK-Bundesverband. (2020b). Adherence| A | Lexikon |. Zugriff am 4.1.2021. Verfügbar unter: https://aok-bv.de/lexikon/a/index_06445.html

Behr, M. (2021). *Gesprächspsychotherapie im Dorsch Lexikon der Psychologie.* Verfügbar unter: https://dorsch.hogrefe.com/stichwort/gespraechspsychotherapie

Dörner, D. (2019). System im Dorsch Lexikon der Psychologie. Verfügbar unter: https://dorsch.hogrefe.com/stichwort/system

Faltermaier, T. & Hübner, I.-M. (2019). *Anforderungs-Ressourcen-Modell im Dorsch Lexikon der Psychologie.* Verfügbar unter: https://dorsch.hogrefe.com/stichwort/anforderungs-ressourcen-modell

Ellgring, J. H. (2019). *nicht verbale Kommunikation, nonverbale Kommunikation im Dorsch Lexikon der Psychologie.* Verfügbar unter: https://dorsch.hogrefe.com/stichwort/nicht-verbale-kommunikation-nonverbale-kommunikation

BEI GRIN MACHT SICH IHR WISSEN BEZAHLT

- Wir veröffentlichen Ihre Hausarbeit,
  Bachelor- und Masterarbeit

- Ihr eigenes eBook und Buch -
  weltweit in allen wichtigen Shops

- Verdienen Sie an jedem Verkauf

Jetzt bei www.GRIN.com hochladen und kostenlos publizieren